dtv

W0048075

Ob mit einer Maß auf der bayerischen Bierbank oder mit einem Kölsch in einer urigen Kneipe, ob im feinen Restaurant oder an der Frittenbude: Gastronomische Genüsse sind in aller Munde und bieten viel Stoff für die Poeten. Seit Jahrhunderten kleiden sie ihre Erlebnisse rund um das Essen und Trinken in Verse. Es ist vom einsamen Zecher und von geselliger Runde die Rede, die Gastlichkeit wird gelobt oder getadelt, und auch Wirte und Kellner kommen zu Wort. Mit diesen kleinen poetischen Leckerbissen kann man sich köstlich amüsieren – am besten in geselliger Runde.

Michael Frey, geboren 1959, lebt als freier Verlagslektor in Bonn und besitzt eine umfangreiche Lyrikbibliothek.
Andreas Wirthensohn, Dr. phil., geboren 1967, lebt als freier Lektor, Übersetzer und Literaturkritiker in München.
Gemeinsam veröffentlichten sie im Jahr 2010 den erfolgreichen Geschenkband ›Wieder alles weich und weiß. Gedichte vom Schnee‹ (13926) bei <u>dtv</u>.

Prost & Mahlzeit

Gastronomische Gedichte

Herausgegeben
von Michael Frey und
Andreas Wirthensohn

Deutscher Taschenbuch Verlag

Von den Herausgebern Michael Frey
und Andreas Wirthensohn
ist im Deutschen Taschenbuch Verlag erschienen:
Wieder alles weich und weiß.
Gedichte vom Schnee (13926)

Ausführliche Informationen über
unsere Autoren und Bücher
finden Sie auf unserer Website
www.dtv.de

Originalausgabe 2012
Deutscher Taschenbuch Verlag GmbH & Co. KG,
München
© 2012 Deutscher Taschenbuch Verlag, München
Umschlagkonzept: Balk & Brumshagen
Umschlagbild: Gerhard Glück
Gesetzt aus der Stempel Garamond 10/13˙
Satz: Greiner & Reichel, Köln
Druck und Bindung: Druckerei C. H. Beck, Nördlingen
Gedruckt auf säurefreiem, chlorfrei gebleichtem Papier
Printed in Germany · ISBN 978-3-423-14090-4

Inhalt

I

Lob der Schenken   7

II

Von Köchen, Kellnern und   33
gefährlichen Wirten

III

Jeder Gast ein Kapitel für sich   59

IV

Speisen und Getränke   83

V

Gaststuben in der Provinz   103
(und anderswo)

VI

Letzte Runde   127

Zu dieser Ausgabe   145
Quellennachweis   151

I

Lob der Schenken

Theodor Kramer
1897–1958

Lob der Schenken

Wie wär die Welt ganz ohne Schenken
doch über alle Maßen leer;
laßt uns erst gar nicht daran denken,
sonst macht der Schreck die Beine schwer.
Die es vor Nacht zuhaus nicht leidet,
sie alle kommen, viel beneidet,
auf ein paar gute Stunden her.

Schön ist's, den Gürtel los zu schnallen,
und wär's nur, daß die Zeit verstreicht;
wer, Hand aufs Herz, hat von uns allen,
was er sich wünschte, schon erreicht.
Da tut's dem Menschen gut zu prahlen,
und eine Runde Wein zu zahlen,
macht ihm ums Herz oft seltsam leicht.

Laßt Botschaft mir ergehn an jeden
laut: niemand braucht allein zu sein,
so lang sein Geld reicht; nicht zu reden
vom süßen und vom herben Wein,

vom Most, vom Branntwein, und vom Hämmern
der Pulse, von der Schläfen Dämmern
und, Freunde, vom Betrunken-Sein.

Bringt mir das erste Glas den Schenken,
gebeizt von Rauch, dem guten Saft
und allen blankgewetzten Bänken;
das zweite unsrer Bruderschaft:
dem Jungen mög sich und dem Alten
beim Glas sein kleines Glück gestalten
noch oft, bis er es nicht mehr schafft.

Karl Friedrich Henckell
1864–1929

Im Café

Gläser klirren,
Plaudereien schwirren,
Übers Billard saust der glatte Ball;
Zigaretten glimmen,
Blaue Wölkchen schwimmen,
Flinke Kellnerschöße überall.
Ist ein Summen und Zeitungsrauschen,
Kugelstoßen und Debattieren –
In der Ecke bequem zu lauschen,
Mag ein Weilchen mich amüsieren.
Aus dem Geschlacker zum Heil meiner Seele
Lockte der gütige Gott ins Café,
Wärmender Mokka rinnt in die Kehle,
An den Scheiben vertränt der Schnee.
Jener Spieler, der elegante,
Weit vorbeugt er die schlanke Gestalt
Über des grünen Tuches Kante –
Lächelnd richtet sich auf der Gewandte,
Glücklich Kugel auf Kugel prallt,
Und ein lohnendes Bravo schallt.

Mir zur Seite die beiden alten
Herren legen die Stirn in Falten,
Schwierig scheint die Situation:
Mit dem nächsten kühnen Zuge
Naht die Entscheidung, naht im Fluge,
Wird trotz seinen Trabanten jetzt
Majestät schachmatt gesetzt
Und kein Turm, kein Bismarck naht ...
Drei Studenten – versteht sich – Skat.
»Stramm gewimmelt! Nicht mal Schneider
Darf er werden.« – »Leider, leider
Die verfluchte Zehne blank,
Kinder mein Portemonnä ist krank.
Stempel, *wir* sind übrigens quitt ...
Kellner!« »Sie wünschen?« – »Noch einen Schnitt!« ...
»Jesses, solches Blech zu schmieren!
Reimereien zum Krepieren«,
Seufzt mein Nachbar – »nein, wie blau!
Und für *den* schwärmt meine Frau –!
Heutzutage ein Geschmack:

Buschklepperei und Stromerpack
Im modernen Gesellschaftsfrack« …
»Machen wir noch ein bißchen Tric-trac?«
Und indessen mein Tischgenoß
Ärgerlich seinen Elzevir* schloß,
Meine beiden Alten selbander
Schlugen ihr Schachbrett auseinander.
»Doktor, wie kommen Sie mir vor?«
Spöttisches Lachen trifft mein Ohr –
»Diesen heuchlerischen, meineidigen,
Grinsenden Pfaffen zu verteidigen!
Wär' es nicht Spiegelfechterei,
Könnt' es anständige Leute beleidigen.«
»Bitte, bedenken Sie nur dies:
Nil nisi bene de mortuis!
Ist sein Kadaver auch noch nicht begraben,
Sein Renommee verzehren die Raben« …
Zwischen der Gäste gleichgültigen Reihn
Drückt sich frostzitternd von Tisch zu Tisch
Lilienbläßlich ein Mägdelein,

Rosen im Korbe junifrisch.
Von dem Rotblond wirrer Locken
Niederschmelzen die nassen Flocken,
Daß das Wasser dem armen Kind
In den offenen Nacken rinnt.
»Rosen, Rosen!«
Freudelosen
Schrittes schleicht's hinaus in dämonische Nacht.
Wirbelnder Schneesturm braust.
Gläser klirren,
Plaudereien schwirren,
Eine Kugel über die Barriere saust ...

* *Elzevir:* berühmte Buchdruckerfamilie des 17. Jahrhunderts
  in Leiden (Niederlande); ihre Drucke, besonders römische
  Klassiker-Texte, wurden noch im 19. Jahrhundert als bibliophile
  Raritäten gehandelt.

Christian Morgenstern
1871–1914

Das Einhorn

Das Einhorn lebt von Ort zu Ort
    nur noch als Wirtshaus fort.

Man geht hinein zur Abendstund
    und sitzt den Stammtisch rund.

Wer weiß! Nach Jahr und Tag sind wir
    auch ganz wie jenes Tier

Hotels nur noch, darin man speist –
    (so völlig wurden wir zum Geist).

Im ›Goldenen Menschen‹ sitzt man dann
    und sagt sein Solo an …

Rudolf Baumbach
1840–1905

Festina lente

Ich sang schon viel von Wanderlust,
Heut sing' ich vom Verweilen.
Festina lente! sprach August,
Mit Weile sollst du eilen.

Beherz'ge wohl die weise Lehr',
Und ziehst du aus zu wandern,
So renne nicht wie Ahasver
Von einem Ort zum andern.

Und liegt an deiner Wanderbahn
Ein sogenanntes Gasthaus,
So halt' die Schusterrappen an
Und strecke dich zur Rast aus!

Und trinke nicht in hast'gem Flug
Wie schnöde Uferschwalben;
Setz' dich bedächtig hin zum Krug,
Bleib' nicht bei einer Halben.

Und sind dir zweie nicht genug,
So trink' getrost die dritte,
Und ist die Schenkin hübsch und jung,
So fass' sie um die Mitte.

Ihr Mund ist rot und heiß ihr Blut
Und kühl der Trank der Traube;
Die Straße liegt in Sonnenglut,
Doch schattig ist die Laube.

Der Lichtglanz mählich sich verliert,
Ist schließlich ganz verglommen –
Du hast dich nicht vom Fleck gerührt,
Und bist doch weit gekommen.

Franz von Gaudy
1800–1840

Führ uns nicht in Versuchung

Da ständ' ich wieder an der Ecke!
Höchst wunderbar! Wie kam es nur?
Die Beine wollen nicht vom Flecke,
recht nach Philisterpferds-Natur.
Der Weinkranz, der im Winde schwanket,
er winkt und winkt: So tritt doch ein!
Ja, locke nur! Gott sei's gedanket,
auf ewig schwur ich ab dem Wein.

's ist doch recht heiß! Mir klebt die Zunge
am Gaumen. Wie die Sonne sticht!
Der Kellner grüßt. Schön' Dank, mein Junge!
Was sagst du? Laut! – Ich höre nicht. –
Leicht möglich, daß ich was vergessen –
wohl gar vom letzten Male her
die Zeche. Zahlen gern – indessen
Wein trinken – nun und nimmermehr!

Was gibt es? Nichts? – Der Schlingel freute
sich nur, mich so gesund zu sehn.
Das ist wohl hübsch, mein Kind, doch heute –
ich bin – ich habe – ich muß gehen.
Nein, nein – ich sagt' es klar und deutlich:
Ich trinke nicht. Wem soll dies Glas?
Ei, nun, die Blume ist ganz leidlich –
und, was du sagst, vom neuen Faß?

Nun ja, für Wein vom vor'gen Jahre
passiert er, läßt sich wacker an.
Doch weißt du, daß mit junger Ware
ich nie mich recht befreunden kann.
Ja, meine alte Sorte kennst du –
bring mir ein Achtel doch von der –
ein Schöppchen höchstens – und – was rennst du –
bring lieber gleich 'ne Ganze her.

Wie kommt's, daß, geht erst auf die Neige
die Flasche, stets das letzte Glas
am liebenswürdigsten sich zeige?
Ein Phänomen – wie deut' ich das?
Heißt es: noch eine? – ob ich's wage?
Sie sprechen: So jung käme man
nicht mehr zusammen. – Nun, ich frage
beim Schicksal, Knöpfe zählend, an.

Ja – nein – ja – nein – Wie? schon der letzte?
O weh, der letzte Knopf brummt: nein.
Das harte Schicksal widersetzte
sich meinem Durst – es soll nicht sein. –
Und weil der Spruch mit nein beschlossen,
wär' ich gebunden? Kinderei!
Nein, just dem dummen Knopf zum Possen
trink' ich noch eine – ja, noch zwei.

Ludwig Fels
* 1946

Wirtschaft

Eine Mücke humpelt übers haarige Tischtuch.
Es sind die kleinen Dinge
die die Welt vergrößern.
Ein Glas Schnaps
eine dürre Katze
lauter neue Erinnerungen.
Sonne scheint ins Bier.
Ich stell mir vor
ein richtig einfacher Mensch zu sein
dem die Gefühle reichen
um sich zu verständigen.
In meinem Schweigen
klingen die Worte der andern
wie Glocken.
Ich schau auf und
der Spielautomat läutet Gewinn.
Daß nur einer von uns unterwegs ist
macht nichts leichter.
Mein Körper ist hier
alltäglicher Ballast.

Ein lachendes Mädchen
die Brüste noch winzig
scheppert mit Groschen
und tanzt im Kopf.
Ich fühle mich wie ein Lügner
ganz schwindlig und doch
so vollkommen da.
Endlich haben
die Entfernungen nachgelassen.

Rainer Malkowski
1939–2003

Zu Gast bei Emilio

Unter einem Himmel von ereignislosem Blau,
gegenüber der ockerfarbenen
Kaserne

im Abgas, in der Sonne

nahe am Denkmal der Alpini

neben einem faltigen Hals,
einem Cappuccino,
einer Strickjacke

zwischen klingenden Sätzen, die ich nicht verstehe

sitze ich an einem schmutzigen kleinen Tisch
vor Emilios Bar –

leicht wegzudenken,
gerne klarsehend.

Wirklich, ich fühle mich
hier deutlicher zu Hause.

Ludwig Uhland
1787–1862

Einkehr

Bei einem Wirte, wundermild,
Da war ich jüngst zu Gaste;
Ein goldner Apfel war sein Schild
An einem langen Aste.

Es war der gute Apfelbaum,
Bei dem ich eingekehret;
Mit süßer Kost und frischem Schaum
Hat er mich wohl genähret.

Es kamen in sein grünes Haus
Viel leichtbeschwingte Gäste;
Sie sprangen frei und hielten Schmaus
Und sangen auf das beste.

Ich fand ein Bett zu süßer Ruh
Auf weichen, grünen Matten;
Der Wirt, er deckte selbst mich zu
Mit seinem kühlen Schatten.

Nun fragt ich nach der Schuldigkeit,
Da schüttelt' er den Wipfel.
Gesegnet sei er allezeit
Von der Wurzel bis zum Gipfel!

Werner Schneyder
* 1937

Stammkneipen

1.

Das Publikum sieht nach Boheme aus,
was es auch teilweise ist.
Wem fad ist, der packt sein Problem aus,
bespricht es, besäuft sich, vergißt.

Der Wein ist zwar dünn, aber trocken,
viel nässer dagegen das Bier.
Der Wirt teils im Öl, teils beim Zocken.
Und ständig verstimmt das Klavier.

Man kann höchstens stundenlang bleiben,
dann hat man es endgültig satt.
Man sollte sich längst schon entleiben.
Was findet hier eigentlich statt?

Wer irgendwie noch normal ist,
verläßt diesen Laden sofort.
Weil der ja gar kein Lokal ist,
sondern – jetzt fehlt mir das Wort.

Man geht seine nächtlichen Gänge,
bis diese Frage sich klärt:
Woher diese magischen Zwänge,
auf Grund deren man wo verkehrt?

2.

Der Wirt ist nicht sehr erfreulich,
der offene Wein ziemlich mies.
Die Architektur ist abscheulich.
Stilistisch in Richtung Verlies.

Die Gäste? Vom Schicksal Betroffne,
Das Essen? Es stinkt nach Friteuse.
Das Bier ist o. k. Nur der Offne,
sei's weiß oder rot: skandalös.

Der Kellner 'ne tuntige Tante.
Das schlimmste ist aber die Luft.
Wer dieses Lokal jemals kannte,
der nannte es kennerhaft »Gruft«.

Sie fragen: Warum dort verkehren?
Das hat bei uns nicht sehr viel Sinn.
Wir können die Sache nicht klären.
Wir sitzen ja Tag und Nacht drin.

Günter Bruno Fuchs
1928–1977

Kneipentraum

Langsam erhebt sich die Theke
und schwimmt mit dem großen Säufer davon.
Ach, wer da mitreisen könnte ...!

Rainer Brambach
1917–1983

Kneipenlied für einen Leser

Weil wir trinken, bleiben wir lebendig,
denn die Welt um uns ist trocken.
Wenn wir trinken, bleiben wir beständig:
willst du, Leser, nicht ein wenig zu uns hocken?

Komm doch abends einfach in das Faß,
wo wir unsre Kneipenlieder schreiben,
und die Welt bleibt nicht mehr trocken, naß
vom Rotwein wirst du bei uns bleiben.

Zwei und zwei ist fünf und eins dazu macht sieben,
lieber Freund, was suchst du unter dem Tisch?
Komm herauf, wir haben nur ein Kneipenlied
    geschrieben,
sieben Zweier intus jeder, fröhlich, frei und frisch.

II

Von Köchen, Kellnern
und gefährlichen Wirten

Johannes Kühn
* 1934

Tretet ein bei mir

So, ihr seid zu kurz gekommen
im Leben? Tretet ein bei mir!
Ich habe Gläser aus Kristall
mit langen Stielen.
Und was hineinkommt, das stammt
aus Weinbergen,
in die im Sommer
die rasenden Sonnentage springen,
die Trauben unter Blättern zu beglühn.
Sie blasen Flammen über jede Dolde.

Ich kenne Witze,
die halten euch eine Stunde beim Lachen.
Und wer im Dorf lustig lebt,
den kenn ich, den lad ich euch ein.
Daß keiner euren Kreis sonst störe,
leg ich meinen Hund an euren Tisch.
Gern verzichtet ihr auf Schlaf
bei dem Geschmack der Speisen.

Und wenn ein Sommergewitter
an meinem Haus vorbeizieht und lärmt,
so lächelt hinter den festen Wänden
selig in euch hinein.
Ein Abend ersetzt euch Wochen,
die ihr vertrauert habt
mit sauren Mienen.

Theodor Kramer
1897–1958

Ich möchte eine kleine Wirtschaft führen …

Ich möchte eine kleine Wirtschaft führen
am Rand der Stadt schon, wo im Gartensand
die Bäume nicht den Staub der Straße spüren,
für junge Leute, frisch und braungebrannt.

Es würde mittags kleine Braten geben
auf Wunsch und alles ganz bescheiden sein;
am Abend aber müßte immer Leben
in meiner Stube und im Garten sein.

Man könnte kommen wie man ist, vom Stanzen
und vom Büro, ist sauber nur der Zwilch,
und könnte Tango und auch Walzer tanzen
bei einem Stutzen Wein und auch bei Milch.

Die Leutchen würden auf die Tischtuchfalten
von selbst schon achten und im bunten Schein
der Lampenschirme gut sich unterhalten
und mit dem Ganzen recht zufrieden sein.

Und manchmal, wann es aus den Schattenfetzen
warm kommen würde und mir zwei zu sacht
sein würden, würd ich mich zu ihnen setzen
und etwas singen, bis nach Mitternacht.

Eduard Mörike
1804–1875

Lammwirts Klagelied

Da droben auf dem Markte
Spazier ich auf und ab,
Den ganzen lieben langen Tag,
Und schaue die Straße hinab.

Es steht ein Regenbogen
Wohl über jenem Haus,
Mein Schild ist eingezogen,
Ein andrer hangt heraus.

Heraus hangt über der Türe
Ein Hahn mit rotem Kamm;
Als ich die Wirtschaft führte,
Da war es ein goldenes Lamm.

Mein Schäflein wohl zu scheren,
Ich sparte keine Müh,
Ich bin heruntergekommen,
Und weiß doch selber nicht wie.

Nun läuft es mit Köchen und Kellnern
Im ganzen Hause so voll,
Ich weiß nicht, wem ich von allen
Zuerst den Hals brechen soll.

Da kommen drei Chaisen gefahren!
Der Hausknecht springt in die Höh.
Vorüber, ihr Rößlein, vorüber,
Dem Lammwirt ist gar so weh!

Alfred Miersch
* 1951

Von gefährlichen Wirten

Er schob mir das Bier über den Tresen
und blickte mich an, als hätte ich
seinen Wagen demoliert.
Ich drückte ihm ruhig zwei Mark in
die Hand und ließ mich vom Hocker gleiten.
»So einer wie Du ist mit meiner Frau durchgebrannt!«
murmelte er in meinen Hinterkopf und seine Stimme
war grausam wie ein ins Fleisch getriebener
Eispickel.

Als ich mich umdrehte waren seine Augen gerade
    dabei
mich umzubringen auf diese langsame Art und Weise
wie es in billigen Filmen geschieht.
»Ich bin nicht der, der für Deine Enttäuschungen
    büßt«,
hatte ich sagen wollen,
aber ich trank nur hastig an meinem Bier
und verließ so schnell wie möglich das Lokal.

Ich spürte deutlich die Kugeln,
die er mir in den Rücken jagte,
als ich durch die Tür ging
und ich wußte, daß ich mich niemals
mit Geliebten von Wirten abgeben würde ...

Georg Britting
1891–1964

Die schwatzhaften Wirte

Achtsam setzt mir der Wirt ein Viertel rötlichen
    Landweins
Auf den gescheuerten Tisch und schwätzt sein
    zierlichstes Schwäbisch.
Kühlgrün dämmert die Stube, die Uhr tickt, und
    draußen, vorm Fenster
Flammt die Pappel im glühenden Mittag, und so auch,
    im Anschaun
Der Zypresse trank ich den bitteren Rotwein vom
    Ätna,
Hörte vom Hof her den Wutschrei des ungehorsamen
    Esels,
Und der Wirt war nicht minder beredsam sizilischer
    Mundart.

Immer schwätzen die Wirte, und ist nur ihr Wein
    nicht gewässert,
Duldets der Trinker, wies der artige Ehemann
    hinnimmt,
Daß ihn beim Mahle die Gattin mit häuslichem
    Schnickschnack umzwitschert.

Wolfgang Bauer
1941–2005

Die Bar

Wenn anderswo die Lichter erlöschen
öffnet die Bar.
Kleine Höhle erwacht.
Schwirrend und lockend.
Rums! Fällst du hinein
vom Jazzschleim gesogen
– sitzt du und trinkst dich zu Tode.

Moderne Fallensteller
moderne Mohikaner
DIE BARWIRTE!!

Erich Kästner
1899–1974

Das Gemurmel eines Kellners

Kennst du den Kerl? Du kennst ihn auch?
Hier sieht man feine Gäste!
Ich habe eine Wut im Bauch,
die paßt nicht in die Weste.

Erst will der Kerl dort dünnen Tee.
Dann will er wieder stärkern.
Der Junge setzt sich ins Café,
um Kellner totzuärgern!

Er sitzt seit 10. Und fragt um 1,
ob wir kein Roastbeef hätten.
Doch sagt man Ja, dann mag er keins
und will fünf Zigaretten.

Man möchte manchmal solchen Herrn
was auf die Hose gießen.
O diese Sorte hab ich gern!
Man sollte sie erschießen!

Am Tage kriechen sie vorm Chef
auf möglichst allen vieren,
und abends denkt so ein Ganeff,
er darf sich revanchieren.

Da steht man hier. Und steckt im Frack.
Und macht devote Schritte.
Und möchte lieber diesem Pack –
Moment, er winkt … Mein Herr, Sie
    wünschen, bitte?

Jürgen Becker
* 1932

Kneipe, zweiter Abend

Sehr gut, diese schielende Kellnerin, sie
kannte mich wieder, so
lud ich sie ein, sie sagte, später.
Später blieb sie hinter dem Tresen,
trank andere Schnäpse
und würfelte immer mit Wilfried.

Rolf Dieter Brinkmann
1940–1975

Die Orangensaftmaschine

dreht sich & Es ist gut, daß der Barmann
zuerst auf die nackten Stellen eines
Mädchens schaut, das ein Glas kalten

Tees trinkt. »Ist hier sehr heiß,
nicht?« sagt er, eine Frage, die
den Raum etwas dekoriert,

was sonst? Sie hat einen kräftigen
Körper, und als sie den Arm
ausstreckt, das Glas auf

die Glasplatte zurückstellt,
einen schwitzenden, haarigen
Fleck unterm Arm, was den Raum

einen Moment lang verändert, die
Gedanken nicht. Und jeder sieht, daß
ihr's Spaß macht, sich zu bewegen

auf diese Art, was den Barmann
auf Trab bringt nach einer langen
Pause, in der nur der Ventilator

zu hören gewesen ist wie
immer, oder meistens, um
diese Tageszeit.

Peter Paul Althaus
1892–1965

Ich bin eine Geranie

Ich bin eine Geranie
in einem Seerestorang
auf der Terrasse.
Ich bin gespannt, wie lang
ich das aushalte und was aus mir wird.
Morgens nimmt mir eine Kastanie
und nachmittags das Fräulein an der Kasse
die Sonne weg.

Abends werde ich elektrisch beleuchtet
und von den Kellnern mit Resten von
Selterswasser befeuchtet.

Und die Musik spielt und Segelschiffe ziehn vorbei …

Die Geranien aus den Villen vom andern Ufer
des Sees
lassen mich zur Stunde des Five-o'clock-Tees
manchmal grüßen durch einen Mövenschrei …

Ich bin keine richtige Blume mehr, aber auch noch keine Sache;
ich bin gespannt, wie lange ich das hier noch mache.

Klaus Martens
* 1944

Besteck

Die Ordnung der Dinge
auf dem Tisch,
so scheint es,
versteht sich von selbst:
Die Gabeln, zum Beispiel,
spießig ruhen sie links
vom Teller,
die Messer, offenkundig,
liegen schneidig rechts.

Wenn nun aber,
gesetzt den Fall,
undenkbar wie er scheint,
ein tüchtiger Ober
ein Kaninchen
auf den Teller zaubert,
mittendrauf,
dann kommt Bewegung
in die Dinge

und manchmal wird,
auf Kosten des Hauses,
das Tischtuch zerschnitten.

Christian Morgenstern
1871–1914

Herr Löffel und Frau Gabel

Herr Löffel und Frau Gabel,
Die stritten sich einmal.
Der Löffel sprach zur Gabel:
»Frau Gabel, halt den Schnabel.
Du bist ja bloß aus Stahl!«

Frau Gabel sprach: »Herr Löffel.
Ihr seid ein großer Töffel
mit Eurem Gesicht aus Zinn.
Und wenn ich Euch zerkratze
mit meiner Katzentatze.
So ist Eure Schönheit hin!«

Das Messer lag daneben
und lachte: »Gut gegeben!«
Der Löffel aber fand:
mit Herrn und Fraun aus Eisen
ist nicht gut Kirschen speisen.
Und küßte Frau Gabel galant –
die Hand.

Walter Bauer
1904–1976

Von abends sieben bis morgens vier

Von abends sieben bis morgens vier
Wische ich die Reste von Tellern und Schüsseln
In die Abfalltonne,
Wasche Gläser, Silberplatten, Besteck.
Um neun sind die Träume noch frisch und leuchten,
Und ich könnte die ganze Welt besser einrichten,
    als sie ist.
Um Mitternacht schleppt sich die Zeit durch den
    dampfigen Raum
Und legt sich verendend zu meinen Füßen.
Um zwei erinnere ich mich kaum noch an etwas
Und wische die Reste meines Lebens
In die Abfalltonne.
Um drei wasche ich die Küche auf, bis sie blitzt
Im duftlosen Licht.
Um vier trete ich in den scharfen einsamen Wind
Und trinke, eh sie erlöscht,
Aus der Milchstraße Befreiung.

Günter Bruno Fuchs
1928–1977

Ansprache des Küchenmeisters

Heute nehmen Sie teil am Bankett junger Riesen
bockwürste mit jenen alten Kameraden im Schlaf
rock die sofort mit der Rehkeule zuschlagen
wenn irgendein Ochsenschwanz über Kommißbrote
lästert
ferner nehmen Sie teil am Soupé der Strammen Mäxe
am Vorbeimarsch der Napoleonschnitten
am Rezitationsabend der Schillerlocken
am Bal paré der Windbeutel und Liebesknochen
später
bittet Sie
um eine Kleinigkeit
der arme falsche Hase
der die Tische abräumt und den Vorhang schließt.

Friedrich von Logau
1605–1655

Grabschrift eines Speise-
oder Kuchelmeisters

Der hier begraben liegt
der hielt sehr viel vom Essen
Und kann im Grabe noch
das Essen nicht vergessen;
Denn weil er selbst nicht mehr
die Essens-Lust kann büßen,
Gibt er sein eigen Fleisch
den Würmern zu genießen

III

Jeder Gast ein Kapitel für sich

Eugen Roth
1895–1976

Der Gast

Ein Mensch, der frömmste auf der Welt,
Hat sich im Gasthaus was bestellt
Und sitzt nun da, ganz guter Dinge,
Gewärtig, daß man es ihm bringe.
Er schaut in stiller Seelenruh
Der Emsigkeit des Kellners zu,
Des wackern Mannes, des verlässigen,
Der furchtlos bändigt die Gefräßigen.
Doch bald, von leichtem Zorn gerötet,
Der Mensch ein leises »Bitte« flötet,
Das leider ungehört verhallt,
Weshalb mit höherer Stimmgewalt
Und auch im Tone etwas grober
Der Mensch vernehmlich schreit: »Herr Ober!«
Auch dieser Ruf bleibt unerfüllt,
So daß der Mensch jetzt »Kellner!« brüllt.
Der Kellner, den dies Wort wie Gift
Ins Herz der Ober-Ehre trifft,
Tut, was ein standsbewußter Mann
Nur tun in solchen Fällen kann:

Er überhört es mild und heiter
Und schert sich um den Gast nicht weiter.
Der Mensch, gereizt zwar, aber feige,
Hält für geraten, daß er schweige.
Das Essen kommt, der Mensch vergißt.
Sagt höflich: »Danke sehr!« – und ißt.

Wilhelm Busch
1832–1908

So und so

Zur Schenke lenkt mit Wohlbehagen
Er jeden Abend seinen Schritt
Und bleibt, bis daß die Lerchen schlagen.
Er singt die letzte Strophe mit.

Dagegen ist es zu beklagen,
Daß er die Kirche nie betritt.
Hier, leider, kann man niemals sagen:
»Er singt die letzte Strophe mit.«

Fridolin Tschudi
1912–1966

Im Stammcafé

Hier bist du jemand. Unbedingt!
Allein schon, wie der Kellner lächelnd sich verbeugt,
diskret-vertraulich die Serviette schwingt,
unaufgefordert das Gewohnte bringt,
ist etwas, was von Achtung und Verehrung zeugt.

Dem gegenüber, der serviert
(ein Cäsar, ach! und Brutus wohnt in deiner Brust),
gibst du dich gnädig und doch distanziert
und zudem byzantinisch-maniriert,
wie ein Diktator, nur nicht halb so selbstbewußt.

Du bist der auserwählte Gast.
»Noch eine Stange hell, Herr Doktor?« – »Bitte
    sehr!«
Das, was du anderswo oft schmerzlich fast
vermißt und endlich nun gefunden hast,
gibt dir das tröstliche Gefühl: Hier bin ich wer!

Manfred Hausin
* 1951

hinter den höfen

diese Kneipe
ist ein roman
jeder gast
ein kapitel für sich

guter rat

mit einem kleinen bier
und einem großen problem
setze ich mich zu günter
und beginne
unaufgefordert zu reden

der guckt mich nur an
krempelt die ärmel
und gibt mir den guten rat:
ERZÄHL DAS DOCH
DEINEM FRISÖR

Jürgen Nendza
* 1957

Am Nebentisch

Am Nebentisch, zwischen Messer und Gabel,
ertönt die Tastatur der Gespräche. Unentwegt
ist das Zuhören, und niemand weiß, wieviel Gänge
hat die Geschichte. Du sagtest, auch der Süden
verfinge sich im Netz des Vogelfängers. Oder
sprachst Du vom Licht? Wir entfalten die Servietten,
ohne Hinzusehen vergeht der Tag als Prospekt.
Letzte Bilder laufen an der Bar: Dörfer,
leergeschossen, das Wetter von morgen.
Der Kellner spricht Empfehlungen aus. Über uns,
Wort für Wort, senkt sich der Ventilator herab.

Stan Lafleur
* 1968

bei murat

ich erinner mich an dich
du warst sexy hinterm glas
unbaendig & devot als ich
bei murat doener kebap asz

dein kuehles haar strich durch den wind
wahrscheinlich eher umgekehrt
du trugst im arm ein kleines kind
mein sein war grad granatbeschwert

es lief so tuerkische folklore
fuer mich hoerte sichs tragisch an
ich sasz & asz auf der empore
& fragte mich: wer ist ihr mann?

das glas war klar & sehr banal
du schwammst auf der andern seite
paar raki linderten die qual
der stadtverkehr ging in die breite

ein einfall & es waer geschehen
zb dasz ich rosen klaute
ich werd dich niemals wiedersehen
weil ich stattdessen doener kaute

der raki gab nen trueben schein
ich glotzte bloed & nickte stumm
dumpf trumpften plastikukeleien
im quirlen grill-aquarium

ich trank noch ein paar raki mehr
den rest hab ich vergessen
uh, girl, ich liebe dich so sehr
ich werd nie wieder doener essen

Johannes Kühn
* 1934

Die Kartenspieler

Graue Schlampe Abend, Nebel im Fenster,
schwer hängt die Stunde,
Kartenspiel da,
unter Männern Erlösung von Tagarbeit,
macht einen Tisch laut
mit gezogenen Bildchen,
und Lärm geht hoch in Spritzern,
als sollten zertrümmern
die Gasthauswände.

Geldröllchen stehen am Tischrand
als Säulen des Spielglücks,
wachsend und fallend.
Und in den Gesichtern ändern
die Wetter der Laune sich rasch.
Warm Blut!
Kalt Blut!

Faustschläge knallen fest auf den Tisch,
wär er aus Brettern nicht
stark, er spräng
auseinander
bei dieser Wucht.

Beat Brechbühl
* 1939

Das Wesen der Wirtshausgespräche
oder Ein irrer Abend

Er begann mit Mineralwasser und »Herr
    Abderhalden«,
und wurde euphorisch und lang.
Herr Abderhalden wollte mit mir über
Literatur reden, ich wollte mit niemandem
über Literatur reden.
Der Abend
endete mit schwerem Wein und »Charly«, in
der Eisenbeiz. Beim Abschied sagte
Charly Abderhalden: Das war für mich ein
irrer Abend, diese Erkenntnisse von
dir – sie geben mir irre viel, dir
auch?
Viel Wein gab ich mir, sagte ich, und
am nächsten Morgen latschte Charly eine
Zeit lang auf dem Vorplatz herum, bevor er sich
    getraute
hereinzukommen. Das gestern,
sagte er, das war ein irrer Abend –
aber kannst du mir sagen, was alles
du gesagt hast?

Ich dachte lange nach, jedoch
sogar der Wein war weg.
Ich weiß es nicht mehr, sagte ich.
Charly sagte, aber es war doch ein so
irrer Abend! und tat, als verstünde er
trotzdem die Welt.

Und ich dachte, langsam wird es auch
für mich Ein irrer Abend.

Christian Maintz
* 1958

Bollmann und Hagen

Bollmann sitzt heut' wieder mal
Spät in Inges Bierlokal.

Eben nimmt ein sprachgewandter,
Recht belesener Bekannter

Namens Hagen mit dem Satz
»Tag auch!« neben Bollmann Platz.

Bollmann trinkt und schweigt, doch Hagen
Steht der Sinn nach letzten Fragen.

»Ja, der Mensch …«, beginnt er heiser,
Und es folgt, ein wenig leiser:

»Liegt ein Sinn in seinem Hiersein?«
Bollmann schenkt sich noch ein Bier ein.

»Wer«, fragt Hagen unerbittlich,
»Handelt überhaupt noch sittlich?«

Bollmann schlürft das zwölfte Pils;
Hagen aber spricht: »Ich will's

Endlich wissen, will es raffen:
Sind wir Götter – oder Affen?«

Bollmann prüft des Bieres Schaum.
»Wo«, ruft Hagen in den Raum,

»Bleibt das Gute, Schöne, Wahre?«
Bollmann kippt im Nu zwei Klare.

»Niemand«, so fährt Hagen fort,
»Hält sich an das Bibelwort,

Daß man lieben soll, nicht hassen.«
Bollmann eilt zum Wasserlassen.

Auf dem Rückweg winkt er Inge,
Daß sie rasch zwei Helle bringe.

Hagen schreit: »Wir sind verdammt!
Sind verloren! Allesamt!

Abgetan! Auch ich! Auch Du!«
Bollmann prostet stumm ihm zu.

Hagen klagt in mattem Ton:
»Ach, was sind wir Menschen schon!

Nur ein Windhauch allenfalls!«
Bollmann gießt sich in den Hals

Einen letzten halben Liter.
Hierauf brummt er: »Tschüß, Klaus-Dieter.«

Bollmann geht. Zum Abschied lallt er:
»War'n netter Abend, Alter.

Tschau. Man sieht sich. Ab dafür.«
Schon wankt Bollmann aus der Tür.

(Vorher kneift er fachgemäß
Inge kräftig ins Gesäß.)

Still zurück mit seinen Fragen
Und der Zeche bleibt Freund Hagen.

Walter Bauer
1904–1976

Als ich Schüsseln und Teller

Als ich Schüsseln und Teller
In die Küche trug,
In der Bestellung wie Befehle blitzten,
Sah ich durch die offene Tür,
Die zum Restaurant führt,
Einen Mann am Tische sitzen,
Allein, zu niemandem gehörig, zu nichts.
Was war mit ihm? Weshalb am Ende, mein Freund?
Auch die Trauer bedeckt sich mit Erde
Und frisches Grün mag wiederkommen, vielleicht.
Was war mit ihm, so hoffnungslos verloren?
Er hatte gestern an der Börse falsch gerechnet
Und sein Vermögen verloren.
Was sonst? Sonst nichts?
Ich lachte, als ich weiterging,
Die Schüsseln wie blitzende Sonnen im Arm,
Ich lachte in mich hinein
Ohne Mitleid.

Rudolf Baumbach
1840–1905

Der stille Trinker

Sie schwenkten die Kannen
Und priesen die Mädchen,
Marien und Annen,
Lieschen und Kätchen.
Nur einer saß in der Ecke allein
Stumm beim Wein;
Der mußte wohl ohne Liebchen sein.

Die Wächter riefen
Und bliesen Zwei;
Die Zecher schliefen
Auf Stroh und Heu.
Der stille Trinker allein nicht schlief,
Stand auf und lief –
Wohin? – Weiß ich's? – Stille Wasser sind tief.

Nicolai Kobus
* 1968

ich bin ein name unter vielen

ich bin ein name unter vielen
meine vier buchstaben sind auch nur ein wort

ich bin einsilbig wie hundegebell
des abends liege ich wund unterm fell

auf der bierbank und rieche
von weitem die sperrstunde nahen

wie reiter in harnisch und blutdurst
ich klemme den schwanz ein und laufe

rückwärts und esse noch wurstsalat
mein zynismus ist milchtritt von welpen

ich bin keine antwort auf fragen
von allgemeinem interesse

haltet die fresse würde ich sagen
wenn ich was zu sagen hätte

ich bin der mit dem bildband
neben der tagessuppe – barocke tableaux

statt geblähtem gerede vom lauen geschäft
mir doch schnuppe wenn von leichter hand

vielleicht ein zwei luzide bonmots
auf den bierdeckel gekritzelt

zusammen mit dem andern dreck
vom tisch im ascheneimer landen

ich bin der in kneipen mit einem nicken
des kopfes bestellt – identität

ist das verstricken des konkreten
mit dem abstrakten wie ein hund

der eine witterung im dunkeln
zwischen die zähne nimmt

als hätte er daran schon reichlich
zu beißen abends unter der bierbank:

Ich bin nichts Offizielles –,
ich bin ein kleines Helles

IV

Speisen und Getränke

Theodor Kramer
1897–1958

Lob der Speisekarte

Gelobt sei mir die gute Speisekarte,
ich kann sie ganz studieren, wenn ich warte;
sie sagt mir, bin ich ein geschlagner Mann,
ob ich mir noch ein Beuschel leisten kann.

Ich kann, sollt's einmal mir an Geld nicht fehlen,
nach ihr gustieren und die Speisen wählen,
die Vorspeis, die den Magen mir erschließt,
den Wein, der mir das Ganze recht begießt.

Nur eines hätt an ihr ich auszusetzen,
erfundne Namen, die sich als ein Fetzen
von Fleisch erweisen; es verliert sein Geld
mit Recht, wer ausgefallnes Zeug bestellt.

Doris Runge
* 1943

das tagesgericht

immer schön
diät halten
nur nicht zu fett
zu dick auftragen
aus dem übervollen
weder schmand
noch schmelz
auf der zunge
zergehen lassen
sportlich nehmen
das schmerzliche
versagen vielleicht
in riesling
die schönen tiere
aus der tiefe
wir nehmen
das tagesgedicht
den dorsch
von der karte

Alfred Andersch
1914–1980

Speisekarte

augen
aufblickend
erschrocken
hoffnungsvoll
ahnend eine neue
unerhörte
speise

dann wieder sich senkend
eigentlich schon
satt
gesättigt von den begriffen
aber immer noch
unersättlich
schwelgend im fett
der theorie

Bas Böttcher
* 1974

Sushi

Sinnesscharfe Klingen splitten Sake Filet,
spalten Sashimi, schlitzen Surimi.
Blütenweißer Reis taucht in Kikkoman Soja.
Algen Lagen wickeln sich um Goodies à la California.
Makis drippen vom Dippen. – Nigiris suppen.
Wir nippen an Nippons Lippen bis tief in die Puppen.
Poppen flaschenweise Piper. Kippen Gläser aufm
    Teppich. –
Dann wieder StickyRice mit ChopSticks in
    kompakten Paketen.

Daniel Stoppe
1697–1747

Aria auf die Kümmelsuppe

Kümmelsuppe, du mein Leben,
Du mein Labsal auf der Welt!
Dir, dir bin ich stets ergeben,
Weil mir dein Geschmack gefällt.
Schade vor das Weltgetümmel
Und das Schmausen unsrer Stadt!
Hab ich Wasser, Brot und Kümmel,
Supp ich mich mit Freuden satt.

Bin ich von Geburt kein Schwabe,
Dessentwegen supp ich doch;
Wenn ich nur zu suppen habe,
Weiter brauch ich keinen Koch.
Austern, Lachse, Frösche, Schnecken
Sind für andre, nicht für mich:
Speisen, die zu künstlich schmecken,
Sind der Nahrung hinderlich.

Suppen sind ein leichtes Essen,
Das den Beutel nicht beschwert;
Hat man auch gleich viel gegessen,
Hat man doch nicht viel verzehrt.
Kann ich nur den Löffel heben,
So befracht ich ihn recht gut;
Brauch ich doch kein Fuhrlohn geben,
Weils die Hand umsonste tut.

Weil ich noch das Leben habe,
Supp ich meine Schüssel leer;
Bei den Vätern in dem Grabe
Suppt man ohnedem nicht mehr.
Kann ich keine Schätze heben,
Ach, so supp ich doch mit Lust:
Kümmelsuppen sind mein Leben
Und das Labsal meiner Brust.

Johann Wolfgang von Goethe
1749–1832

Katzenpastete

Es war einmal ein braver Koch,
Geschickt im Appretieren;
Dem fiel es ein, er wollte doch
Als Jäger sich gerieren.

Er zog bewehrt zu grünem Wald,
Wo manches Wildpret hauste,
Und einen Kater schoß er bald,
Der junge Vögel schmauste.

Sah ihn für einen Hasen an
Und ließ sich nicht bedeuten,
Pastetete viel Würze dran
Und setzt' ihn vor den Leuten.

Doch manche Gäste das verdroß,
Gewisse feine Nasen:
Die Katze, die der Jäger schoß,
Macht nie der Koch zum Hasen.

Friedrich Christian Delius
* 1943

Chinesisch essen

Ja Ente mit Mandeln oder Krabben süßsauer
Acht Kostbarkeiten Schwein scharf gebackene Nudeln
Heut essen wir besser chinesisch als
Neunhundert Millionen Chinesen
Ja die Genüsse hören nicht auf
Wir haben die volleren Mägen die besseren
    Informationen:
Die Fische sterben weg Das Fleisch wird vergiftet
Herr Ober noch Äpfel mit Honig
Ja satt auf den Stühlen und der Hunger
So weit von uns weg wie ein benachbarter Erdteil
Wir stellen uns ein auf Morcheln Algen
    Bambussprossen
Auf Kämpfe um Ententeiche und Großmarkthallen
Wir fressen ihnen den Reis weg die Hirse die Nüsse
Und sie merken es merken es nicht
Ja mit Messer und Gabel der Kampf gegen die bloßen
    Hände
Bis wir fallen Das letzte Gefecht mit
Fleischfressenden Pflanzen

Ernst Jandl
1925–2000

mahlzeit

haben stecken in das mund
das nudelrund auf gabel
haben zumachen das mund
haben rausziehen aus mund
ohne nudelrund das gabel
sein drinbleiben in mund
ohne gabel das nudelrund
haben schlucken das nudelrund
sein das nudelrund gehen in magen
so machen haben oft
essen haben pasta asciutta

Thomas Böhme
* 1955

Brühl/Wildschütz

Hier kostet der teller nudeln nur eine mark spinat mit
spiegelei & kartoffeln zwo-zehn und das bier 43 pfen-
nige, hier scheint die welt noch ein kleines bißchen in
ordnung hier wird dir der tisch abgewischt hierher
finden die alten sabbernden männer in langen loden-
mänteln & pudelmützen und auch die lkw-fahrer die
grad in der nähe sind oder die klofrau von leipzig-
information.

Man sitzt gut auf gelben plaststühlen an sauberen ti-
schen und blickt auf die dampfenden behälter mit ge-
müse & pommes frites auf berge von goldgelben schnit-
zeln oder bouletten auf brutzelnde eier im tiegel. Hier
gibt es leckeres letscho & grüne bohnen mit magerem
fleisch oder süß-saure flecke auch eisbein mit klößen.

Zum tresen drängen die durstigen und dann ißt man &
nuckelt am glase ein weilchen neben sich vielleicht so
ein steinaltes pärchen, sie schneidet ihm schnell noch
das fleisch.

Dann kommen kräftige burschen vom tiefbau mit wattejacken & stiefeln – einer wärmt sich am ofen ein anderer putzt seine angelaufene brille ein dritter sucht schon freie stühle die andern stehn lachend mit bier in der hand.

Hier war noch nie ein tisch reserviert jeder findet selbst seinen platz und gern rückt man ein stückchen zusammen wenns voll wird. Und kommt die rührige frau zum abräumen stellt man die teller zusammen und hebt sein glas hoch wenn sie den lappen bringt.

17. dezember 1980

Christian Maintz
* 1958

Liebe in Lokalen

Ach, wie schön ist das gewesen,
Ach, wie haben wir's genossen,
Als wir Huhn mit Sojasprossen
Aßen damals beim Chinesen.

Rührend war der seelenvolle
Blick, mit dem du mich bedachtest,
Und wie glockenhell du lachtest
Beim Verzehr der Frühlingsrolle.

Unvergessen bleibt auch jener
Abend, als ich gänzlich ohne
Hemmung nach der Minestrone
Zu dir sprach beim Italiener:

»Sei die meine, liebste Frauke!«
Hierauf küsstest du mich innig,
Und dann widmeten wir sinnig
Uns der Entenbrust auf Rauke.

Wochen drauf, die Herbstzeitlosen
Blühten schon im Park, wir saßen
Stumm bei Kerzenlicht und aßen
Lamm in Minze beim Franzosen.

Süß und schwer war der Burgunder,
Alles schien so unausweichlich,
Und wir tranken ziemlich reichlich;
Das Dessert glich einem Wunder.

Gott, wie hab' ich dann gelitten,
Als die Liebe war zerbrochen,
Weil du dich mit jenem Jochen
Trafst zu Currywurst und Fritten!

Steffen Jacobs
* 1968

Big Mäc und Hölderlin

Big Mäc und Hölderlin –
was ist geschehen? Nichts,

wie gehabt. Alles
wie immer. Okay.

Es hat nicht geschmeckt.
's lag weich im Griff,

hat die Finger bekleckert,
der Geschmack war schlecht.

Die Form aber stimmte,
war schmiegsam, war stimmhaft:

Oben Pappe, unten Pappe,
zwischendrin vielerlei

Heben und Senken. Lustbetont.
Bald war ich satt.

In seiner Fülle, Zitat,
ruhet der Herbsttag nun.

Gut so: ganz da zu sein,
ganz Genosse der Zeit,

die am Nebentisch saß,
F. A. Z. las, mit Pommes.

Big Mäc und Hölderlin –
da geh ich jetzt öfter hin.

Werner Schneyder
* 1937

Kulinarische Wiederbegegnung

Da stand der alte »Gasthof Post«
als ich hier auf Tournee war.
Ich aß ein rosa Lamm vom Rost.
Wenn's nicht ein Rehfilet war.

Das Haus, das gibt's. Den Gasthof nicht.
Man ißt hier auf die Schnelle
den Hackfleischfraß. Bis man erbricht,
im Sinn der Freßbordelle.

Die strenge Altstadtkommission,
die rettete gerade
noch diesen grünen Postillon
auf blauer Hausfassade.

Der Hauptplatzbrunnen spielt im Licht.
Besoffne Penner lungern.
Nein, euren Big Dreck ess' ich nicht.
Ich werd' schon nicht verhungern.

Ulla Hahn
* 1946

Steuererklärung

Ja da war ich
mit dir hab ich da
gesessen, gegessen, vergessen
hab ich das längst
geglaubt. Arbeitsessen
schreib ich bei Anlaß
der Bewirtung da
hör ich dich lachen du
bestellst Apollinaris und ein
Chateaubriand legst
dir das Fleisch zurecht
ja es schmeckte dir immer
mir die Hand aufs Haar
ja es war schön es war preis
und wert nicht mal
hundert Mark. So
kamen wir billig davon.
Voll absetzbar.

V

Gaststuben in der Provinz
(und anderswo)

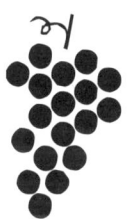

Jan Wagner
* 1971

gaststuben in der provinz

hinter dem tresen gegenüber der tür
das eingerahmte foto der fußballmannschaft:
lächelnde helden, die sich die rostenden nägel
im rücken ihrer trikots nicht anmerken lassen.

Hanns von Gumppenberg
1866–1928

american bar

Parodie auf Stefan George

ein ruhgelaß schrägab dem rädertreiben
da müden seelen in gedämpfter stille
sich mälich wieder ebnet sinn und wille
im schimmerglast der zarten kräuselscheiben

umschmiegt von feingebräunter holzbeschalung
bleichhell getönt verwölben sich die wände
und friedlich labt den blick verstreute spende
der dämmerkunst in altersdunkler malung

der fliese mattes rot wer könnt es singen
die schneegedecke die willkommen sagen
der schlummerlehnen schmeichelndes behagen
der silbernen geräte leises klingen?

vielleicht doch lieber wink ich mit den augen
dem kellner in der milden weißen bluse
zum wohle meiner nervenschwachen muse
blasskühlen saft durch hohles stroh zu saugen

Robert Gernhardt
1937–2006

Maredo Steak-House

Die Stücke toter Tiere auf den Tellern
Die Teller in den Händen junger Menschen
Die jungen Menschen sind schwarz-rot gewandet

Die weißen Wände, roh gespachtelt, werden
Von schwarzgestrichnen Stämmen jäh durchbrochen
Wild spaltet sich das Holz der schwarzen Stämme:

Hier ist man ja mitten unter Gauchos!
Hier weht ja der schärfere Wind der Pampas!
Hier sollte man eigentlich nicht ohne Messer
    herkommen!

Das Deckenholz ruht schwer auf dunklen Säulen
Am Boden glänzen pflegeleichte Kacheln
Ein offnes Feuer glost durch rußges Eisen

Im Halblicht prüft der Kunde die Salate
Dann stellt er seinen Teller selbst zusammen
Für sieben fünfzig hat er freie Auswahl:

Ja, ist hier das Paradies ausgebrochen?
Ja, geht es noch ungezwungner?
Ja, fällt man sich hier als nächstes in die Arme?

Das Riesen-Entrecôte ist fast ein Pfund schwer
Der Fettkern macht es saftig und besonders
In Sauerrahm getaucht lockt die Kartoffel

Das Messer schneidet silbern in das Fleischstück
Das rote Blut quillt auf den weißen Teller
Dem Schneidenden wird plötzlich schwarz vor
    Augen:

Wie schön still es hier auf einmal ist.
Wie schön dunkel es hier auf einmal ist.
Wie schön es hier auf einmal ist, still und dunkel.

Ludwig Fels
* 1946

Biergarten an einem Regentag

Sonst ist es voll hier
dumpfig und eng
schreit jeder Prost Strauß
und Heil Hitler dazu
säuft was das Geld hält und frißt.
Aber ein leerer Biergarten
ist ein Paradies für sich.
Da lüften die Kastanienbäume ihre Wurzeln
wie Leuchttürme stehn
die Salzstreuer auf den nassen Tischen
und Regentropfen glätten
das schrundige Holz.
Soviel Platz, weicher Kies, soviel Ruhe
bevor wieder der erste Sonnenstrahl
besungen wird, um sich Durst zu machen
bevor die Kinder Rettichtränen greinen
und die Frauen mit den Dackeln ihre Brotzeit teilen
bevor das Fußballvolk aus den Lautsprechern schreit
und die Bedienung in die Krüge schwitzt.

Ein leerer Biergarten
an einem Regentag
ist wohltuend wahr.
Man hat viel Platz
allein unterm Sonnenschirm
hört dem Wind zu
und bestellt sich
den nächsten Wolkenbruch.

Andreas Altmann
* 1963

landgasthaus

buschwindröschen schieben erde auf.
der tag wird nach bäumen gezählt.
die zeitung erscheint eine nacht später.
vor dem fenster wehen grüne kleider
und spitz. der schwan auf dem see
ist verschneit. unbewegt bleibt er länger
als die augen auf ihn. der sandweg
zum dorf wird in stein gegossen. solange
will ich noch bleiben. der wirt
bessert das boot aus. die einzige nähe
zum meer. zwei mal die woche
kommt vergeblich die post.
ich bin der einzige gast, ich hab noch nie
die enten so schreien gehört.

Wulf Kirsten
* 1934

landgasthof

an jedwedem tag
gluckst durch die gläsernen mundstücke
schwalchweise einheimisches bier
in die sanft schwellenden bäuche
der flaschentrompeter.
leutselig äugen die spinnenwinkel
auf die scheitelfrisuren
der grasgrünen hasenschützen.

das ledersofa
wird schurigelt von bierkunden,
hereingepoltert von der chaussee,
zu hätscheln den schläfrigen kater,
in dessen schnurrhaaren verzeichnet sind
keine flausen, nur delikte,
allnächtliches mäusepogrom.

auf bierfilzen
klebt die brauereireklame
als magerer köder,
ist anvertraut dem vierten tischbein.

auf fensterscheiben überdauert
grimmigste winter
das hörspiel sommerlichen fliegenschwarms,
eine fleißarbeit, szene rustikal,
gemildert von regensprüchen und staubgelage.

lasch pendelt der bierkurier.
aufgeklappter flaschenhälse
atem steigt in lautes lachen.
schal und schlaff hängt der dunst,
durchgesackt bis auf der zecher gewinkelte knie.

Rainer Malkowski
1939–2003

Strandcafé

Sieh hinab auf den bleichen
Wald
der Strohhalme in den Weißbiergläsern.
Auf die Tortenmünder und dunklen Brillen
um die Blechtische,
unter denen das Fleisch schreit,
seufzt, murmelt
vor Verlassenheit.
Hin und wieder setzt jemand
klirrend die Tasse ab.
Starrt hinaus auf das kleine
Segelboot in der Ferne,
das näherkommt und wieder abdreht
und wieder näherkommt.
So nun schon eine ganze Weile.
So nun wohl den ganzen
lebenslangen
Nachmittag.

Hellmuth Opitz
* 1959

Amrum, Teehaus Burg

Auffrischender Wind
von allen Seiten
fliegen Fahrräder heran.

Komm unters reetgedeckte Dach
dieses Abends, es singen
die Austernfischerchöre

und im offenen Zeitfenster
geht freundlich auf
der Pfannkuchenmond.

Lehrerinnenpärchen brüten
über schweren Entscheidungen
eifrig rucken die eisgrauen
kurzgeraspelten Köpfe.

Hier drinnen eine Auswahl
an 27 verschiedenen Tees,
auf der Karte draußen
nur ein einziges Gericht:

Opalfarbenes Licht
an schmalen Küstenstreifen.
Und dazwischen nichts

als eine grün gestrichene
Membran mit Butzenscheiben:
die Tür zum Meer.

Andreas Reimann
* 1946

Die kleinen Cafés

Da sind noch immer die kleinen cafés
mit grünen tapeten und tischen so klein,
daß eine einzelne tasse
sich auf der fläche nicht einsam fühlt.

Und immer vorm fenster ein baum.
Und wird dessen laubwerk im herbst sehr messing,
ists eine linde. Und leuchtet es auf
in kupfernen tönen, ists eine platane.

Der junge kellner lehnt seit dem sommer
am pfosten der tür, er raucht einen nebel
und zählet versonnen die fallenden blätter.

Und schaut mit dem hintern geduldig mich an.
Nur weiß ich freilich auch das
durchaus zu schätzen.

Klabund
1890–1928

Davoser Bar

In den lederbraunen Baren
Sitzen sie bei Drink und Vermouth.
Die da werden, die da waren,
Und der Smoking deutet Schwermut.

Manche mit entfleischten Rippen
Speien Eiter in die Gläser,
Während ihre Finger tippen
Takt dem goldnen Tangobläser.

Was sie denken, schallt entfernter
Als die müde Kirchturmschelle.
Seht: der Himmel scheint besternter
Und die Erde dreht sich schnelle.

Im entlaubten Fruktidore
Wölbt sich Brust zur Frucht gewaltsam.
Unsre atmenden Motore
Sausen nachtwärts unaufhaltsam.

Rosemarie Egger
* 1938

In der Safaribar

sah ich gestern, wie man
den unterleib einer frau
mit geldscheinen schmückt.

»zehn minuten lang baby,
das ist viel zu kurz«,
sagte der herr im dunklen anzug,
ein femininer typ.

sie holte schweigend
ihre beiden granatäpfel hervor,
die er rasch mit
hunderter noten bedeckte,

danach wurde ihr gesicht lebendig,
das vorhin einer grauen haus-
mauer glich, und ihre augen
schwärmten in den ersten stock.

Hans Georg Bulla
* 1949

in der kantine

beim linseneintopf bürgerlich
reden wir über die kaffeesorten:
wiener mischung.

aber nichts geht über einen
richtigen Espresso, aus der richtigen
maschine.

und einmal mehr die
großen angestellten-pläne: eine eigene
espresso-maschine, original italienisch, im
büro. ausschenken an die kollegen
auf dem gang.

billiger als die cafeteria,
versteht sich. nach einem monat ist der
einsatz wieder auf der hand.

Heinrich Hoffmann von Fallersleben
1798–1874

Berliner Kaffeehaus

Welch ein Flüstern, welch ein Summen!
welch ein stiller Lesefleiß!
Nur Marqueure schrei'n und brummen:
Tasse schwarz! und Tasse weiß!

Und die Zeitungsblätter rauschen,
und man liest und liest sich satt,
um Ideen einzutauschen,
weil man selbst gar wenig hat.

Und sie plaudern, blättern, suchen,
endlich kommt ein Resultat:
Noch ein Stückchen Apfelkuchen!
zwar der Kurs steht desolat.

Und sie sitzen, grübeln, denken,
und sie werden heiß und stumm,
und mit kühlenden Getränken
stärken sie sich wiederum.

So vertreibt man sich die Zeiten
und des Tages Hitz' und Last,
bis erfüllt mit Neuigkeiten
geht nach Haus der letzte Gast.

Doch am Morgen sieht sich wieder
hier der alte Leserkreis,
und man läßt sich häuslich nieder:
Tasse schwarz! und Tasse weiß!

Anonym

Ein Fremder sitzt auf einem Faß

Ein Fremder sitzt auf einem Faß
Im Münchner Hofbräuhaus
Und bricht entzückt von solchem Naß
In hellen Jubel aus.
»Warum besingt man nur den Wein,
Warum nicht auch das Bier?«
So fragt er. »Kann's denn möglich sein,
Gibt's keine Dichter hier?«
»Gnua«, sagt der Stammgast, »s' fehlt uns net
An Dichtern und Gesang,
Wer aber was vom Bier versteht,
Der trinkt's und singt net lang.«

Joseph Victor von Scheffel
1826–1886

Altassyrische Ballade

Im Schwarzen Walfisch zu Askalon,
da trank ein Mann drei Tag,
bis daß er steif wie ein Besenstiel
am Marmortische lag.

Im Schwarzen Walfisch zu Askalon,
da sprach der Wirt: »Halt an!
Der trinkt von meinem Dattelsaft
mehr, als er zahlen kann.«

Im Schwarzen Walfisch zu Askalon,
da bracht' der Kellner Schar
in Keilschrift auf sechs Ziegelstein
dem Gast die Rechnung dar.

Im Schwarzen Walfisch zu Askalon,
da sprach der Gast: »O weh!
Mein bares Geld ging alles drauf
im Lamm zu Ninive!«

Im Schwarzen Walfisch zu Askalon,
da schlug die Uhr halb vier,
da warf der Hausknecht aus Nubierland
den Fremdling vor die Tür.

Im Schwarzen Walfisch zu Askalon
wird kein Prophet geehrt,
und wer vergnügt dort leben will,
zahlt bar, was er verzehrt.

VI

Letzte Runde

Friedrich Hebbel
1813–1863

Das letzte Glas

Das letzte Glas! Wer mag es denken!
    Und dennoch muß ein letztes sein!
Mich drängt's, es hastig einzuschenken,
    Fällt auch die Träne mit hinein.
Stoß an! Du stießest gar zu heftig!
    In tausend Scherben liegt das Glas.
Ein neues bringt mir schon geschäftig
    Der Kellner; nochmals füll ich das.

Das letzte Glas! Wer mag es schauen!
    Und dennoch muß ein letztes sein!
Du ziehst nun bald in ferne Gauen:
    Denkst du im fremden Land noch mein?
Stoß an! Ich zittre gar zu heftig!
    In tausend Scherben liegt das Glas.
Ein neues bringt mir schon geschäftig
    Der Kellner; nochmals füll ich das.

Das letzte Glas! Wer mag es trinken!
    Und dennoch muß ein letztes sein!
Dir werden neue Freunde winken,
    Ich aber bleib hier ganz allein!
Stoß an! Zu Boden werf ich's heftig!
    Warum schon jetzt das letzte Glas!
Ein neues bringt mir schon geschäftig
    Der Kellner; nochmals füll ich das.

Das letzte Glas! Wir lassen's stehen!
    Versiegle und verschließ den Wein!
Wenn wir dereinst uns wieder sehen,
    So soll es unser erstes sein!
Komm, an den Mund press' ich dich heftig,
    Als wärst du selbst mein letztes Glas!
Was wir uns sind, das fühl ich kräftig,
    Jetzt geh mit Gott! Wir bleiben das!

Carl Zuckmayer
1896–1977

An die Rotweinflecken

auf dem Tischtuch in einem französischen Restaurant (1936)

Ich sehe euch mit ernster Freude an
Und schieb' den Teller weg, der euch verdeckt.
Mein erster Schluck dem unbekannten Mann,
Dem es vor mir an diesem Tisch geschmeckt!

Aus euren lilablau zerlaufnen Rändern
Schaut ihr mit sanft verträumtem Trinkerblick,
Und gleicht dem Schattenriß von fremden Ländern,
Von Madagaskar oder Mozambique.

Noch ist mein Platz bestreut mit goldner Krume
Des Brots, das man bedächtig brach und aß.
Du Land voll Wohlklang und Burgunderblume,
Gleichst du noch immer jenem Königtume,
Das einst sein Fürst nach Fudern Weins bemaß?

Du spätes Land, bespielt von Abendstrahlen
Aus reifer Sprache buntem Prismenglas,
Wo Genien, Zaubrer, Zollbeamte malen,
Und wo selbst Gott sein Himmelreich vergaß!

Ich sah dich stahlzerfetzt und blutbegossen,
Ich lag an deinem Leib in Angst und Weh –
Vielleicht war der, der mich so schwer beschossen,
Der freundlich-wohlbeleibte Sommelier –?

Und trank ich nicht aus deiner Tränenquelle,
Und litt ich nicht mit dir die Sterbenspein?
Ach, Schwesterland – ich knie an deiner Schwelle
Und küsse jeden Fleck von Blut und Wein!

Er schenkt mir ein. Es sprüht vom Flaschenmunde.
So trinke, Tischtuch! Trink die Libation!
Der Fremdling neigt sich deiner holden Stunde
Und macht sich nordwärts, nebelwärts, davon.

Manke
* 1949

Letzte Runde

Die Inge hält beim Singen inne.
Der Harry harrt verstört der Dinge.
Am Stammtisch stockt der Gassenhauer.
Der Ober liegt schon auf der Lauer.

Des Kavaliers Esprit verpufft.
Durch das Lokal bläst Morgenluft.
Der späte Gast geht, fahl sich farbend.
Warum? Der Wirt macht Feierabend.

Wilhelm Müller
1794–1827

Der letzte Gast

Ich bin der letzte Gast im Haus.
Komm, leuchte mir zur Tür hinaus,
Und bieten wir uns gute Ruh,
So gib mir einen Kuß dazu.

Du schenktest heut mir trüben Wein
In meinen letzten Becher ein.
Ich schalt dich nicht und trank ihn aus:
Ich war ja letzter Gast im Haus.

Mir gegenüber saßest du,
Es fielen dir die Augen zu.
Ich dacht: Sie wünscht dich wohl hinaus,
Du bist der letzte Gast im Haus.

Ich bin der letzte Gast im Haus;
Der schöne frische Rosenstrauß,
Den ich dir gab beim ersten Glas,
Hängt dir am Busen welk und blaß.

Nun gute Nacht! Nun gute Ruh!
Und morgen früh wann öffnest du?
Ich bin der letzte Gast im Haus,
Und eh es dämmert, wandr' ich aus.

Ich bin der letzte Gast im Haus,
Den letzten Tropfen trink ich aus.
Setz mir mein grünes Glas beiseit,
Zerbräch's ein andrer, tät mir's leid.

Günter Bruno Fuchs
1928–1977

Kneipe

Der Regen bindet die Erde fest an den Himmel.
Die dunkle Feier der Raben beginnt.
Geh nach Haus, wenn du weißt, wo dein Haus ist.
Bleib hier, wenn die Kneipenstube
dir besser gefällt.
Setz dich ans Fenster –
Baumblätter mit alten Gesichtern
treiben am Fuß eines Straßenfegers vorbei.

Erika Burkart
1922–2010

Auf eine alte Weise

Laß gehen und vergangen sein,
verwandle was du hast,
im Schattenhaus beim Schattenwein
bist du dein eigner Gast.

Die beiden Becher trinkst du leer
und rührst an keine Speise.
Vom schwarzen Segel steigt das Meer,
der Schmerz quert alte Gleise.

Die sich genährt von Leib und Blut
sie warten auf mit Schnee,
zieh in die Stirn den Narrenhut,
steh auf, sag Dank und geh.

Heinrich von Mühler
1813–1874

Aus dem Wirtshaus

Grad aus dem Wirtshaus nun komm' ich heraus,
Straße, wie wunderlich siehst Du mir aus!
Rechter Hand, linker Hand, beides vertauscht;
Straße, ich merk' es wohl, Du bist berauscht.

Was für ein schief Gesicht, Mond, machst denn Du?
Ein Auge hat er auf, eins hat er zu;
Du wirst betrunken sein, das seh' ich hell;
Schäme dich, schäme dich, alter Gesell!

Und die Laternen erst – was muß ich seh'n?
Die können alle nicht gerade mehr steh'n;
Wackeln und fackeln die Kreuz und die Quer,
Scheinen betrunken mir allesamt schwer.

Alles im Sturme rings, Großes und Klein;
Wag' ich darunter mich nüchtern allein?
Das scheint bedenklich mir, ein Wagestück!
Da geh' ich lieber ins Wirtshaus zurück.

Peter Maiwald
1946–2008

Der Untergang der Welt
in der Gaststätte zum Hasenberg

Als gestern die Vögel in der dicken Luft stehenblieben:
wußten wir: das ist das Ende. Und spuckten noch ein-
mal in unsere Hände und sagten: der Ort, wo wir sind,
sei unsere Gruft.

He, Wirt: riefen wir: nun aber weg mit dem Geld. Laß
laufen den Hahn. Es lebe das Bier. Und ließen uns ge-
hen und blieben doch hier. Das wär nicht gekommen,
rief Franz, wär besser die Welt.

Und gingen das Ganze noch einmal durch. Der Fritz
meinte, daß es die Atome sein müssen. Und einer rief:
das ist die Gottlosigkeit! Und einer rief: Nieder mit
Thyssen! Und Kurti sagte: was soll's, am Ende über-
leben doch nur Alge und Lurch.

Schluß: sagt auch der Wirt und: Sense und schiebt die
Gitter rauf. Wir geben ein Trinkgeld und heben das
Ende für morgen auf.

Matthias Politycki
* 1955

Nacht ohne Gnade
(Slight Return)

Robert Gernhardt
1937–2006

Theke – Antitheke – Syntheke

Beim ersten Glas sprach Husserl:
»Nach diesem Glas ist Schlusserl.«

Ihm antwortete Hegel:
»Zwei Glas sind hier die Regel.«

»Das kann nicht sein«, rief Wittgenstein,
»Bei mir geht noch ein drittes rein.«

Worauf Herr Kant befand:
»Ich seh ab vier erst Land.«

»Ach was«, sprach da Marcuse,
»Trink ich nicht fünf, trinkst du se.«

»Trinkt zu«, sprach Schopenhauer,
»Sonst wird das sechste sauer.«

»Das nehm ich«, sagte Bloch,
»Das siebte möpselt noch.«

Am Tisch erscholl Gequietsche,
still trank das achte Nietzsche.

»Das neunte erst schmeckt lecker!«
»Du hast ja recht, Heidegger«,

rief nach Glas zehn Adorno:
»Prost auch! Und nun von vorno!«

Anhang

Zu dieser Ausgabe

Was wäre die Literatur ohne Cafés, Kneipen und Gast-
häuser? Nicht ohne Grund ist gleich ein ganzer Zweig –
die Kaffeehausliteratur – nach einer gastronomischen
Einrichtung benannt, die vor allem in Berlin und Wien
zu finden war und ist. So mancher Großstadtpoet hol-
te sich seine Inspiration »nachts in den Kneipen, wo
ich manchmal hause« (Gottfried Benn). Die deutschen
Romantiker waren bekanntermaßen große Freunde ge-
mütlicher »Einkehr« und geselliger Runden, da konnte
sogar ein schlichter Baum mitten in der Natur zur ima-
ginierten Wirtsstube werden. Und ein Autor wie der
Saarländer Johannes Kühn wäre ohne sein Dasein als
»Winkelgast«, wie einer seiner Gedichtbände betitelt
ist, gar nicht denkbar. Der Österreicher Theodor Kra-
mer hat, geht man nach der Zahl seiner einschlägigen
Gedichte, mehr Zeit in allen möglichen Wirtschaften
verbracht als anderswo. Und ein unbekannter Vagan-
tendichter des 12. Jahrhunderts schuf einen Vers, der
bis heute gerne als Trinkspruch zitiert wird: »Mihi est
propositum in taberna mori …«, was salopp übersetzt

nichts anderes heißt als: Ich habe vor, in der Kneipe zu sterben.

Dass die Dichter zur genuss- und trinkfreudigen Spezies gehören, ist allgemein bekannt. Entsprechend reichhaltig ist das Angebot an Anthologien über Essen und Trinken. Die vorliegende Gedichtsammlung will den Blick jedoch über »Speisen und Getränke« hinauslenken und zeigen, dass die Poeten nicht nur die Nahrungs- und Flüssigkeitsaufnahme bedichten, sondern das gesamte gastronomische Ambiente. So bietet das erste Kapitel eine Art theoretischen Überbaus, der deutlich macht, wie wichtig Schenken und Kneipen für das Wohlbefinden der Literaten und die dichterische Produktivität waren und sind. Das muss aber nicht kritiklose Lobhudelei bedeuten, wie Werner Schneyder beweist, getreu der Augustinischen Weisheit: Nicht jeder, der uns schont, ist ein Freund, nicht jeder, der uns tadelt, ein Feind. Es folgt eine Sichtung des belebten und unbelebten Inventars: Dabei werden Wirte, Köche und Kellner ebenso bedichtet wie das Besteck und andere dekorative Feinheiten. Im Mittelpunkt aber stehen die verschiedenen Gäste – vom stillen Trinker bis zu den geselligen Kartenspielern –, auch wenn wir nicht so weit gehen wollen wie Manfred Hausin, der jedem Gast am liebsten ein eigenes Kapitel zugestehen würde. Nach dem obligatorischen Blick auf Speise- und Getränkekarte widmen sich die

Dichter den vielfältigen Formen von Lokalität. Dabei geht es nicht nur um den kleinen Landgasthof oder das angestaubt-plüschige Café, sondern auch um internationale Restaurantketten wie das Maredo Steak-House, die in jeder größeren Stadt in weitgehend identischer Form anzutreffen sind, und schließlich auch um Etablissements, in denen Hunger und Durst eher nebensächlich sind und es hauptsächlich um andere Vergnügungen geht. Aber auch der hartgesottenste Kneipengänger ist irgendwann müde und selbst das vorzüglichste Menü endet mit dem letzten Gang. Deshalb beschließen einige Gedichte zum Thema »Letzte Runde« die Auswahl: Sie handeln vom melancholisch genossenen letzten Glas, vom schwankenden Heimweg und von den Nachwehen am folgenden Tag, die bei Matthias Politycki sogar so weit gehen, dass ihm für die vorangegangene »Nacht ohne Gnade« die Worte fehlen. Für so manchen Dichter wird der Abschied vom Lokal gar zum Symbol für die Vergänglichkeit des Menschen.

Bei der Auswahl der Gedichte ging es nicht um Repräsentativität. Sie wurde vielmehr von der (subjektiv empfundenen) »Originalität« der Gedichte bestimmt und vor allem wurde darauf geachtet, dass sie über die gängigen lyrischen Produkte zum Thema (Trinkspruch, Lob des übermäßigen Trinkens oder Ähnliches) hinausgehen. Nicht Entwicklungen oder

Tendenzen sollen sichtbar werden, sondern die wunderbare Vielfalt und Breite dessen, was wir als das gastronomische Gedicht in der deutschsprachigen Lyrik bezeichnen wollen.

Diese Gedichtform zeichnet sich dadurch aus, dass sie ihrem Gegenstand zumeist mit Humor, zumindest aber mit liebvoller, oft ironisch gebrochener Zuneigung begegnet und eher selten die schweren Tonlagen wählt. Dabei ist das gastronomische Gedicht nur ausnahmsweise und oberflächlich besehen Gelegenheitsgedicht, vielmehr verhandelt es die großen Fragen des Daseins: die »Liebe in Lokalen«, die Sehnsucht nach Zugehörigkeit und Heimat, den Tod … Vom Wesen und Sinn des Seins erfährt man, so scheint es, an Wirtshaustischen so einiges, und der Gast kann am Ende des Abends frohgemut so tun, als »verstünde er / trotzdem die Welt«. Der Gasthausbesucher ist eben bisweilen ein veritabler Philosoph, woran Robert Gernhardt auf seine unnachahmliche Weise in »Theke – Antitheke – Syntheke« erinnert, das den Band beschließt. Diese Auswahl zeigt aber auch, dass die Grenzen zu anderen Gedichtkategorien bei einem kühlen Getränk im wahrsten Sinne des Wortes fließend werden. Ob erotisches Gedicht, Liebespoesie, Säuferlyrik oder Reisepoem – das gastronomische Gedicht kennt keine Grenzen, außer vielleicht der einen: schwer verdaulich will es auf keinen Fall sein.

Wie heißt es so schön in Doris Runges Gedicht vom »tagesgericht«: »wir nehmen / das tagesgedicht / den dorsch / von der karte«. In diesem Sinne: Wohl bekomm's!

Michael Frey und Andreas Wirthensohn

Quellennachweis

Peter Paul Althaus (1892–1965)
Ich bin eine Geranie 50
In: Peter Paul Althaus läßt grüßen. Die Traumstadt: Gedichte
von Peter Paul Althaus. Hrsg. von Hans Althaus. Pendragon
Verlag, Bielefeld 2003. © Dr. Hans Althaus

Andreas Altmann (* 1963)
landgasthaus 111
In: die verlegung des zimmers. Kowalke & Co. Verlag, Berlin
2001. © Andreas Altmann

Alfred Andersch (1914–1980)
Speisekarte 87
In: Gedichte und Nachdichtungen. © 2004 Diogenes Verlag
AG, Zürich

Anonym
Ein Fremder sitzt auf einem Faß 123
In: Der deutsche Durst. Ein Prost- und Trostbuch für wackere
Zecher. Gesammelt und mitgeteilt von Joachim Wachtel.
München 1977

Walter Bauer (1904–1976)
Von abends sieben bis morgens vier 55
Als ich Schüsseln und Teller 77
In: Nachtwachen des Tellerwäschers. Verlag Kurt Desch,
München/Wien/Basel 1957. © Erben Walter Bauer

Wolfgang Bauer (1941–2005)
Die Bar 44
In: Werke. Band 5: Gedichte. © 1992 Literaturverlag Droschl,
Graz/Wien

Rudolf Baumbach (1840–1905)
Der stille Trinker 78
Festina lente 16
In: Lieder eines fahrenden Gesellen. Leipzig 1878

Jürgen Becker (* 1932)
Kneipe, zweiter Abend 47
In: Die Gedichte. © 1995 Suhrkamp Verlag, Frankfurt am
Main. Alle Rechte bei und vorbehalten durch Suhrkamp
Verlag Berlin

Thomas Böhme (* 1955)
Brühl/Wildschütz 94
In: Mit der Sanduhr am Gürtel. Gedichte & Gebilde. © 2011
Connewitzer Verlagsbuchhandlung Peter Hinke, Leipzig

Bas Böttcher (* 1974)
Sushi 88
In: Lyrik von Jetzt. DuMont Literatur und Kunst Verlag,
Köln 2003. © Bas Böttcher

Rainer Brambach (1917–1983)
Kneipenlied für einen Leser 31
In: Gesammelte Gedichte. © 2003 Diogenes Verlag AG,
Zürich

Beat Brechbühl (* 1939)
Das Wesen der Wirtshausgespräche oder Ein irrer Abend 71
In: Vom Absägen der Berge. © 2001 Nagel und Kimche im
Carl Hanser Verlag

Rolf Dieter Brinkmann (1940–1975)
Die Orangensaftmaschine 48
In: Westwärts 1 & 2. Gedichte. Mit Fotos und Anmerkungen
des Autors. Erweiterte Neuausgabe. © 2005 by Rowohlt
Verlag GmbH, Reinbek bei Hamburg

Georg Britting (1891–1964)
Die schwatzhaften Wirte 43
In: Sämtliche Werke in 23 Bänden. Band 4: Lob des Weines.
Verlag Georg-Britting-Stiftung, Höhenmoos. © 2012 Georg-
Britting-Stiftung

Hans Georg Bulla (* 1949)
in der kantine 120
In: Café der Poeten. Neue Restaurantgedichte. Hrsg. von
Jürgen Stelling. Verlag Manfred Eichhorn, Ulm 1980.
© 1980 Hans Georg Bulla

Erika Burkart (1922–2010)
Auf eine alte Weise 137
In: Augenzeuge. Ausgewählte Gedichte. Artemis Verlag,
Zürich 1978. © Ernst Halter, Aristau

Wilhelm Busch (1832–1908)
So und so 63
In: Schein und Sein. Hrsg. von Otto Nöldeke. München 1909

Friedrich Christian Delius (* 1943)
Chinesisch essen 92
In: Selbstporträt mit Luftbrücke. Ausgewählte Gedichte
1962–1992. Rowohlt Verlag, Reinbek bei Hamburg 1993.
© Friedrich Christian Delius

Rosemarie Egger (* 1938)
In der Safaribar 119
In: Café der Poeten. Neue Restaurantgedichte. Hrsg. von
Jürgen Stelling. Verlag Manfred Eichhorn, Ulm 1980.
© Rosemarie Egger

Heinrich Hoffmann von Fallersleben (1798–1874)
Berliner Kaffeehaus 121
In: Ausgewählte Werke. Leipzig 1905

Ludwig Fels (* 1946)
Biergarten an einem Regentag 109
In: Literarischer März. Lyrik unserer Zeit. Hrsg. von Fritz
Deppert, Karl Krolow, Wolfgang Weyrauch. Paul List Verlag,
München 1979. © Ludwig Fels
Wirtschaft 21
In: Alles geht weiter. Hermann Luchterhand Verlag, Darm-
stadt/Neuwied 1977. © Ludwig Fels

Günter Bruno Fuchs (1928–1977)
Ansprache des Küchenmeisters 56
Kneipe 136
Kneipentraum 30
In: Werke in drei Bänden. Hrsg. von Wilfried Ihrig. © 1995
Carl Hanser Verlag, München

Franz von Gaudy (1800–1840)
Führ uns nicht in Versuchung 18
In: Sämmtliche Werke in 24 Bänden. Berlin 1844

Robert Gernhardt (1937–2006)
Maredo Steak-House 107
Theke – Antitheke – Syntheke 141
In: Gesammelte Gedichte 1954–2006. © 2008 S. Fischer Verlag
GmbH, Frankfurt am Main

Johann Wolfgang von Goethe (1749–1832)
Katzenpastete (Auszug) 91
In: Goethe. Berliner Ausgabe. Poetische Werke. Gedichte und
Singspiele I: Gedichte. Berlin/Weimar 1972

Hanns von Gumppenberg (1866–1928)
american bar 106
In: Das Teutsche Dichterross in allen Gangarten vorgeritten
(Parodien). München 1929

Ulla Hahn (* 1946)
Steuererklärung 101
In: Liebesgedichte. © 1993 Deutsche Verlags-Anstalt,
München, in der Verlagsgruppe Random House GmbH

Manfred Hausin (* 1951)
guter rat 65
hinter den höfen 65
In: Betteln und Hausin verboten! DAVIDS DRUCKE,
Göttingen 1997. © Manfred Hausin

Friedrich Hebbel (1813–1863)
Das letzte Glas 129
In: Gedichte. Berlin 1923

Karl Friedrich Henckell (1864–1929)
Im Café 11
In: Amselrufe. Zürich 1888

Steffen Jacobs (* 1968)
Big Mäc und Hölderlin 98
In: Der Alltag des Abenteurers. S. Fischer Verlag GmbH,
Frankfurt am Main 1996. © Steffen Jacobs

Ernst Jandl (1925–2000)
mahlzeit 93
In: Poetische Werke. Hrsg. von Klaus Siblewski. © 1997
Luchterhand Literaturverlag, München, in der Verlagsgruppe
Random House GmbH

Erich Kästner (1899–1974)
Das Gemurmel eines Kellners 45
In: Lärm im Spiegel. © 1929 Atrium Verlag, Zürich, und
Thomas Kästner

Wulf Kirsten (* 1934)
landgasthof 112
In: Erdlebenbilder. Gedichte aus 50 Jahren. 1954–2004.
© Ammann Verlag & Co., Zürich. Alle Rechte vorbehalten
S. Fischer Verlag GmbH, Frankfurt am Main

Klabund (1890–1928)
Davoser Bar 118
In: Das heiße Herz. Berlin 1922

Nicolai Kobus (* 1968)
ich bin ein name unter vielen 79
In: Hard Cover. Bücher der Nyland-Stiftung, Köln 2006.
© Nicolai Kobus

Theodor Kramer (1897–1958)
Ich möchte eine kleine Wirtschaft führen 37
In: Gesammelte Gedichte in 3 Bänden. Hrsg. von Erwin
Chvojka. Band 1. © 1997 und 2005 Paul Zsolnay Verlag, Wien
Lob der Schenken 9
Lob der Speisekarte 85
In: Ebd. Band 2. © 1998 Paul Zsolnay Verlag, Wien

Johannes Kühn (* 1934)
Tretet ein bei mir 35
In: Wasser genügt nicht. Gasthausgedichte. Hrsg. von Benno
und Irmgard Rech. © 1997 Carl Hanser Verlag, München
Die Kartenspieler 69
In: Ich Winkelgast. Hrsg. von Benno und Irmgard Rech.
© 1989 Carl Hanser Verlag, München

Stan Lafleur (* 1968)
bei murat 67
In: fresse. verse. Genie & Alltag, Köln/Düsseldorf 1998.
© Stan Lafleur

Friedrich von Logau (1605–1655)
Grabschrift eines Speise- oder Kuchelmeisters 57
In: Sämtliche Sinngedichte. Hrsg. von G. Eitner. Tübingen
1872

Christian Maintz (* 1958)
Bollmann und Hagen 73
In: Jahrbuch der Lyrik 2007. Hrsg. von Christoph Buchwald
und Silke Scheuermann. S. Fischer Verlag, Frankfurt am Main
2007. © Christian Maintz
Liebe in Lokalen 96
In: Häuptling Eigener Herd. Heft 28. Hrsg. von Wiglaf
Droste und Vincent Klink. Edition Vincent Klink, Stuttgart
2006. © Christian Maintz

Peter Maiwald (1946–2008)
Der Untergang der Welt in der Gaststätte zum Hasenberg 139
In: Balladen von Samstag auf Sonntag. © 1984 Deutsche
Verlags-Anstalt, München, in der Verlagsgruppe Random
House GmbH

Rainer Malkowski (1939–2003)
Zu Gast bei Emilio 23
In: Zu Gast. Gedichte. © 1983 Suhrkamp Verlag, Frankfurt
am Main. Alle Rechte bei und vorbehalten durch Suhrkamp
Verlag Berlin
Strandcafé 114
In: Was für ein Morgen. © 1975 Suhrkamp Verlag, Frankfurt
am Main. Alle Rechte bei und vorbehalten durch Suhrkamp
Verlag Berlin

Manke (* 1949)
Letzte Runde 133
In: Voll daneben. © 1989 Neuthor Verlag, Michelstadt

Klaus Martens (* 1944)
Besteck 52
In: Heimliche Zeiten. © 1984 Deutsche Verlags-Anstalt,
München, in der Verlagsgruppe Random House GmbH

Alfred Miersch (* 1951)
Von gefährlichen Wirten 41
In: Lauter Helden. © 1981 MaroVerlag, Augsburg, und Alfred
Miersch

Christian Morgenstern (1871–1914)
Das Einhorn 15
In: Galgenlieder. Hrsg. von Joseph Kiermeier-Debre.
München 1998
Herr Löffel und Frau Gabel 54
In: Gedichte in einem Band. Hrsg. von Reinhardt Habel.
Insel Verlag, Frankfurt am Main 2003

Eduard Mörike (1804–1875)
Lammwirts Klagelied 39
In: Sämtliche Werke. Hrsg. von Herbert G. Göpfert. München
1954

Heinrich von Mühler (1813–1874)
Aus dem Wirtshaus 138
In: Der deutsche Durst. Ein Prost- und Trostbuch für wackere
Zecher. Gesammelt und mitgeteilt von Joachim Wachtel.
München 1977

Wilhelm Müller (1794–1827)
Der letzte Gast 134
In: Gedichte in zwei Bänden. Leipzig 1868

Jürgen Nendza (* 1957)
Am Nebentisch 66
In: und am Satzende das Weiß. Verlag Landpresse, Weilerswist
1999. © Jürgen Nendza

Hellmuth Opitz (* 1959)
Amrum, Teehaus Burg 115
In: Die Sekunden vor Augenaufschlag. Gedichte. © 2006
Pendragon Verlag, Bielefeld

Matthias Politycki (* 1955)
Nacht ohne Gnade (Slight Return) 140
In: Ratschlag zum Verzehr der Seidenraupe. 66 Gedichte.
© 2003 by Hoffmann und Campe Verlag, Hamburg

Andreas Reimann (* 1946)
Die kleinen Cafés 117
In: Gräber und drüber. © 2010 Connewitzer Verlagsbuch-
handlung Peter Hinke, Leipzig

Eugen Roth (1895–1976)
Der Gast 61
In: Sämtliche Werke in fünf Bänden. Band 1. Carl Hanser
Verlag, München/Wien 1977. © Dr. Thomas Roth

Doris Runge (* 1943)
das tagesgericht 86
In: was da auftaucht. © 2010 Deutsche Verlags-Anstalt,
München, in der Verlagsgruppe Random House GmbH

Joseph Victor von Scheffel (1826–1886)
Altassyrische Ballade 124
In: Sämtliche Werke in zehn Bänden. Leipzig 1917

Werner Schneyder (* 1937)
Kulinarische Wiederbegegnung 100
Stammkneipen 27
In: Reimzeit. Verlag Kremayr & Scheriau, Wien 1995.
© Werner Schneyder

Daniel Stoppe (1697–1747)
Aria auf die Kümmelsuppe 89
In: Komm, güldner Friede. Lyrik des Barock. Hrsg. von
Ernst Ginsberg. München 1964

Fridolin Tschudi (1912–1966)
Im Stammcafé 64
In: Sie liebt mich, sie liebt mich nicht. Verlag Sanssouci,
Zürich 1955. © Erben Fridolin Tschudi

Ludwig Uhland (1787–1862)
Einkehr 25
In: Gedichte. Stuttgart (ohne Jahr)

Jan Wagner (* 1971)
gaststuben in der provinz 105
In: Probebohrung im Himmel. © 2001 Berlin Verlag, Berlin

Carl Zuckmayer (1896–1977)
An die Rotweinflecken 131
In: Abschied und Wiederkehr. Gedichte 1917–1976. © 1997
S. Fischer Verlag GmbH, Frankfurt am Main

Trotz aller Bemühungen konnten leider nicht alle Rechteinhaber
ermittelt bzw. erreicht werden. Der Verlag verpflichtet sich, recht-
mäßige Ansprüche jederzeit in angemessener Form abzugelten.